Impressum
Verlag: BABADADA GmbH, Nedderfeld 112 , 22529 Hamburg
Geschäftsführer / Verlagsleitung: Harald Hof
Druck: Books on Demand GmbH, In de Tarpen 42, 22848 Norderstedt

Imprint
Publisher: BABADADA GmbH, Nedderfeld 112 , 22529 Hamburg, Germany
Managing Director / Publishing direction: Harald Hof
Print: Books on Demand GmbH, In de Tarpen 42, 22848 Norderstedt

學校

ቤት-ትምህርቲ

教室
ክፍሊ ክላስ
除
መቀለ
186/2
黑板
ሰሌዳ
ቀጽሪ ቤት-ትምህርቲ
老師
መምህር
紙
ወረቐት
書寫
筆
መጽሓፊ
辦公桌
ጣውላ ምጽሓፍ
直尺
መስመር
書
መጽሓፍ
學生
ተመሃራይ

書包

ሳንጣ ትምህርቲ

鉛筆盒

ሰፈር ብርዒ

鉛筆

ርሳስ

削鉛筆機

መብልሒ ርሳስ

橡皮擦

መደምሰሲ

畫板

ጥራዝ ስእሊ

2 學校 - ቤት-ትምህርቲ

圖畫

ስእሊ

畫筆

ብርዒ ቀለም

顏料盒

ቦክስ ቀለም

剪刀

መቐስ

膠水

መጣበቒ

練習冊

ጥራዝ መላመዲ

家庭作業

ዕዮ ገዛ

12

數字

ቁጽሪ

2+2

加

ወሰኽ

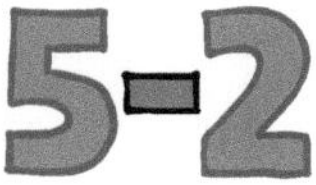

減

ጎደለ

2×2

乘

ረብሐ

計算

ደመረ

A

字母

ፊደል

ABCDEFG
HIJKLMN
OPQRSTU
VWXYZ

字母表

ስርዓት ፊደላት

hello

字

ቃል

課文

ጽሑፍ

讀

ኣንበበ

粉筆

ኩርሽ

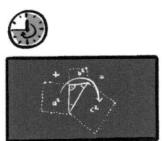

上課

ሰዓት

登記

መዝገብ ክላስ

考試

መርመራ

證書

ሰርቲፊከት

校服

ድቢዛ ቤትትምህርቲ

教育

ትምህርቲ

百科全書

ለክሲኮን

大學

ዩኒቨርሲቲ

顯微鏡

ሚክሮስኮፕ

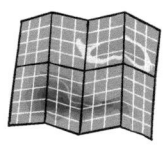

地圖

ካርታ

廢紙簍

ጉሓፍ ወረቐት

飯店
መቸበሊ አጋይጅ

Grand

青年旅社
ሆስተል

ROOMS

外幣兌換處
በታ ቅያር ገንዘብ

EXCHANGE

手提箱
ባሊጃ

汽車
መኪና

語言

ቋንቋ

是/否

እወ / ኖ

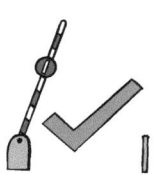

好的

ሕራይ

您好

ሰላም

翻譯人員

አስተርጓሚ

謝謝

የቐንየለይ

……多少錢？

. . . ክንደይ ዋግኡ?

我不明白

ኣይተረድኣኹን

問題

ሽግር

晚上好！

ሰላም ምሸት!

早上好！

ከመይ ሓዲርካ

晚安！

ሰላም ለይቲ

再見

ደሓን ኩን

方向

ኣንፈት

行李

ጕዓዝ

包

ሳንጣ

背包

ሳንጣ ሕቖ

客人

ጋሻ

房間

ክፍሊ

睡袋

ክሻ መደቀሲ

帳篷

ቴንዳ

旅行資訊

ሓበሬታ በጻሕቲ ሃገር

海灘

ገምገም ባሕሪ

信用卡

ክረዲት ካርድ

早餐

ቁርሲ

午餐

ምሳሕ

晚餐

ድራር

票

ቲከት

電梯

ሊፍት

郵票

ማሕተም ደብዳበ

邊界

ዶብ

海關

ድጓና

大使館

ኣምበሲ

簽證

ቪዛ

護照

ፓስፖርት

交通運送

መጓዓዝያ

飛機
ነፋሪት
船
መርከብ
消防車
መኪና መጥፍኢ ሓዊ
公車
卡車
ናይ ጽዕነት መኪና
汽艇
ጃልባ ሞቶር
汽車
መኪና
腳踏車
ብሽግለታ

渡輪

ፌሪ

小船

ጃልባ

機車

ሞቶ

警車

መኪና ፖሊስ

賽車

መኪና ቅድድም

租車

ክራይ መኪና

拼車

ምውፋይ መካይን

拖車

መወሰዲ መኪና

垃圾車

መኪና ጉሓፍ

馬達

ሞቶር

汽油

ነዳዲ

加油站

እንዳ ነዳዲ

交通標識

ምልክት ትራፊክ

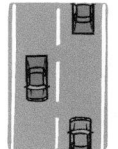

交通

ትራፊክ

交通堵塞

ምጭቕጫቕ ትራፊክ

停車場

መዕሸጊ መኪና

火車站

መዕረፊ ባቡር

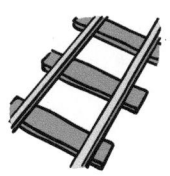

軌道

ሓዲግ

火車

ባቡር

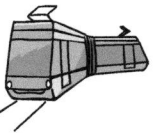

路面電車

ትረም

客車廂

ባጎኒ

直升機

ሄሊኮፕተር

機場

መዓረፎ ነፈርቲ

塔

ታወር

乘客

ተጎዓዚ

集裝箱

ኮንተይነር

紙板箱

ሳንዱቕ ካርቶን

手推車

ኮርሳ ጽዕነት

籃子

ዘንቢል

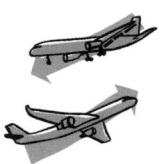

起飛/降落

ተበገሰ / ዓለበ

城市
ከተማ

村莊

ቍሸት

市中心

ማእከል ከተማ

房子

ገዛ

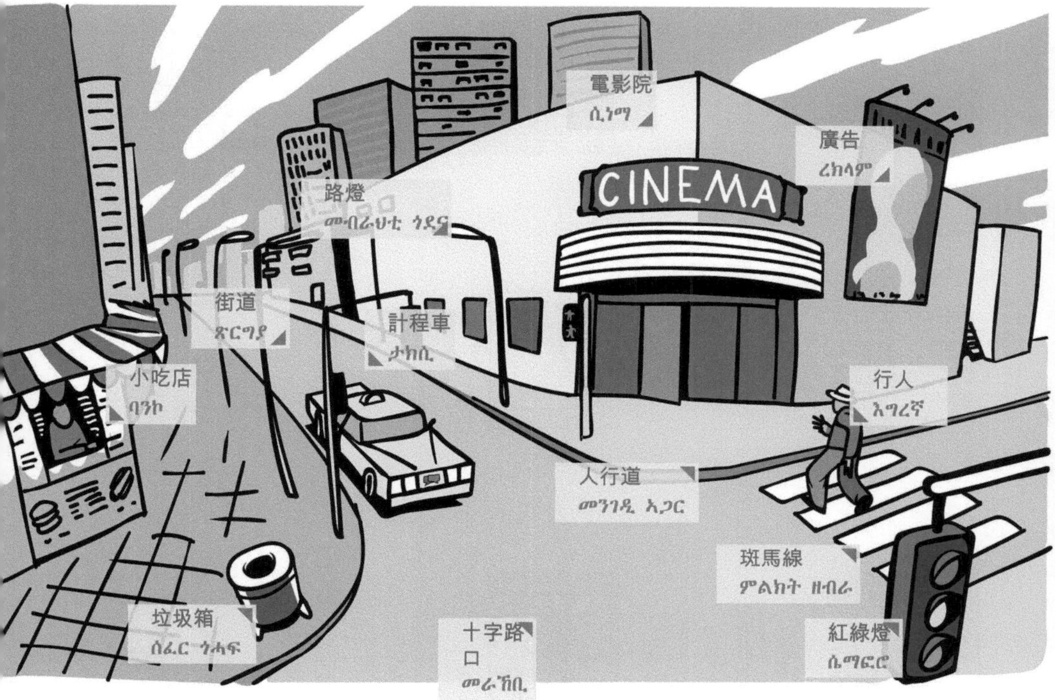

電影院
ሲነማ
廣告
路燈
街道
計程車
ታክሲ
小吃店
ባንኮ
行人
እግረኛ
人行道
斑馬線
ምልክት ዘብራ
垃圾箱
十字路口
መራኽቢ
紅綠燈

小屋

ኣጕዶ

公寓

ኣፓርትመንት

火車站

መዕረፊ ባቡር

市政廳

ቤት ምምሕዳር

博物館

ቤተ መዘክር

學校

ቤት-ትምህርቲ

大學

ዩኒቨርሲቲ

銀行

ባንክ

醫院

ሆስፒታል

飯店

መቐበሊ ኣጋይሽ

藥房

ቤት መድሃኒት

辦公室

ቤት ጽሕፈት

書店

ዱኳን መጽሓፍቲ

商店

ዱኳን

花店

ዱኳን ዕንባባ

超市

ሱፐርማርክት

市場

ዕዳጋ

百貨商店

ሹቕ

魚店

ነጋዳይ ዓሳ

購物中心

ሹቕ

海港

መርሳ

公園

መዘናግዒ

長凳

ባንኪ

橋

ድልድል

樓梯

መደያይቦ

捷運

ባቡር ትሕቲ ምድሪ

隧道

ቢንቶ

公車站

መዕረፊ ኣውቶቡስ

酒吧

ቤት መስተ

餐館

ቤት-መግቢ

郵筒

ሰታሪት

路標

ታቤላ

停車計時器

ሰዓት ፓርኪንግ

動物園

መካነ እንስሳታት

游泳池

መሓምበሲ

清真寺

መስጊድ

農場

ቤት ሕርሻ

污染

ብከላ

墓地

መቓብር

教堂

ቤተክርስትያን

操場

ቦታ ምጽዋት

寺廟

ቤት መቕደስ

地形

ስእሊ መሬት

樹葉
指示牌
መሕበሪ መገዲ
路
መገዲ
草地
石頭
እምኒ
樹
ኣግራብ
徒步旅行者
ኮብላሊ
河
ፈለግ
草
花
ዕንባባ

峡谷

ስንጭሮ

丘陵

ጎቦ

湖

ቀላይ

森林

ዱር

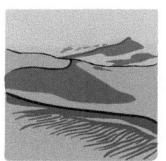

沙漠

ምድረ በዳ

火山

እሳተ-ጎመራ

城堡

ግምቢ

彩虹

ቀስተ-ደመና

蘑菇

ቃንጥሻ

棕櫚樹

ዓርኮብኮባይ

蚊子

ጣንጡ

蒼蠅

ሃመማ

螞蟻

ጻጸ

蜜蜂

ንህቢ

蜘蛛

ሳሬት

甲蟲

ሕንዚዝ

青蛙

ዕንቅርዖብ

松鼠

ምጽጹላይ

刺蝟

ቅንፍዝ

野兔

ማንቲለ

貓頭鷹

ጉንጓ

鳥

ጭሩ

天鵝

ስዋን

野豬

መፍለስ

鹿

ዓጋዘን

麋鹿

ሙስ

水壩

ግድብ

風力發電機

ተርባይን ንፋስ

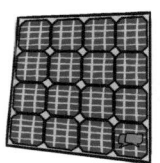

太陽能電池板

ሶላር ስርሓት

氣候

ኩነታት ኣየር

餐館

ቤት-መግቢ

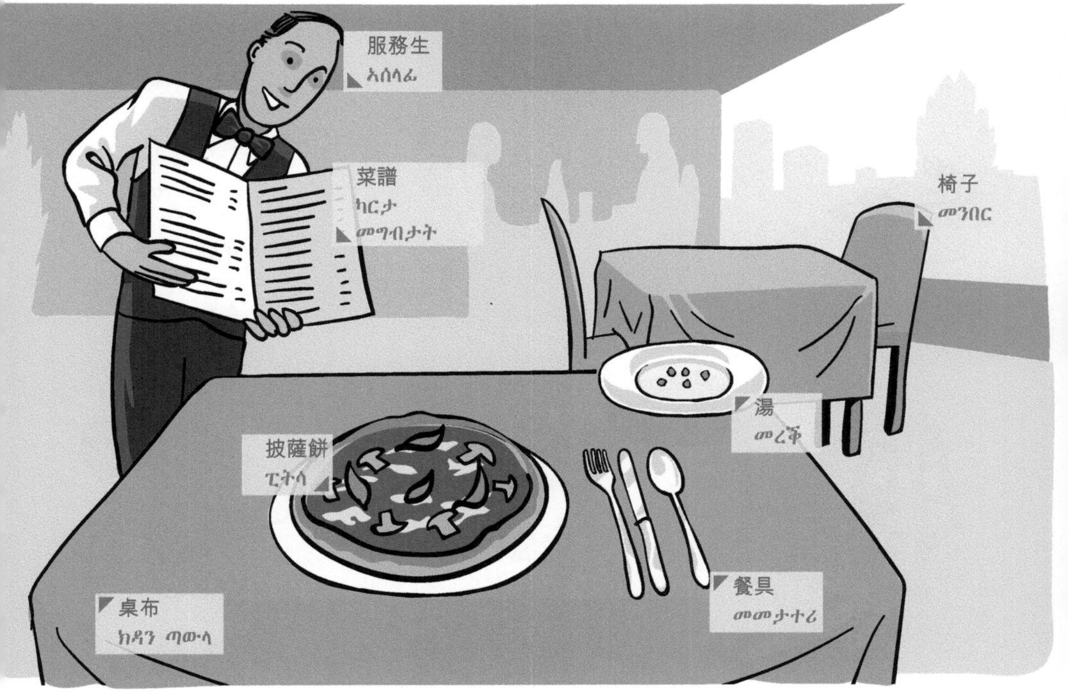
服務生
ኣሰላፊ
菜譜
ካርታ
መግብታት
椅子
መንበር
湯
መረቕ
披薩餅
ፒትሳ
餐具
መመታትሪ
桌布
ክዳን ጣውላ

前菜

ቅድመ ቀንዲ መግቢ

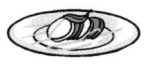

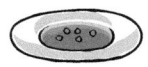

主菜

ቀንዲ መኣዲ

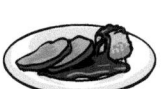

甜點

ድሕረ መግቢ

飲料

መስተ

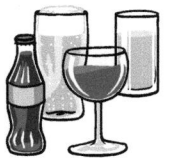

食物

መግቢ

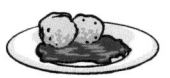

瓶子

ጥርሙዝ

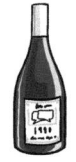

速食

ስሉጥ መግቢ

街邊小吃

መግቢ ጽርግያ

茶壺

ብርጭቆ ሻሂ

糖盒

ታኒካ ሽኮር

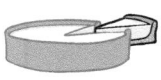

一份飯菜

ክፋል

義式咖啡機

ማሺን ኤስፕረሶ

高腳椅

ነዊሕ መንበር

帳單

ጸብጻብ

托盤

ታብለት

刀

ካራ

餐叉

ፋርከታ

勺子

ማንካ

茶匙

ማንካ ሻሂ

餐巾

ሰርቪየተ

玻璃杯

ብኬሪ

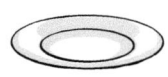

碟子

ሸሓኒ

湯盤

ሸሓኒ መረቕ

碟子

ትሕቲ ኩባያ

醬

ጸብሒ

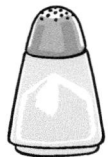

鹽瓶

ወሃቢ ጨው

胡椒研磨罐

መጥሓን በርበረ

醋

ኣቸቶ

食用油

ዘይቲ

調味料

ቀመም

番茄醬

ከቹፕ

芥末

ኣድሪ

美乃滋

ማዩኔዝ

超市

ሱፐርማርክት

特價
顧客
ዓሚል
乳製品
水果
購物車
ሰረገላ ዱኳን

肉鋪

እንዳ ስጋ

麵包店

እንዳ ባኒ

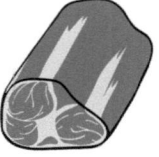

稱重

ክብደት

蔬菜

ኣሕምልቲ

肉

ስጋ

冷凍食品

መግቢ ፍሪጅ በረድ

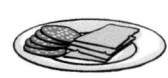

冷盤

ዝሑል ቅሩብ መግቢ

罐頭食品

እስቃጥላ

洗衣粉

ኣሞ

甜食

ምቁር መግቢ

日用品

ዘቤታውያን ኣቕሑ

清潔用品

ናውቲ መጸረዪ

銷售員

ሸቃጣይ

收銀機

ካሳ

收銀員

ተሓዝ ገንዘብ

購物清單

ዝርዝር ምግዛእ

開放時間

ክፉት ሰዓታት

錢包

ማሕፉዳ

信用卡

ክረዲት ካርድ

袋子

ሳንጣ

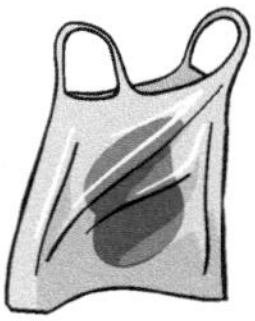

塑膠袋

ፌስታል

飲料

መስተ

水

ማይ

果汁

ጽማቕ

牛奶

ጸባ

可樂

ኮላ

紅酒

ነቢት

啤酒

ቢራ

酒

ኣልኮል

可可

ካካው

茶

ሻሂ

咖啡

ቡን

義式濃縮咖啡

ኤስፕረሶ

卡布奇諾

ካፑቺኖ

香蕉

ባናና

蘋果

ቱፋሕ

柳丁

ኣራንሺ

西瓜

ብርጭቕ

檸檬

ለሚን

胡蘿蔔

ካሮት

大蒜

ጻዕዳ ሽጉርቲ

竹子

ባምቡስ

洋蔥

ሽጉርቲ

蘑菇

ቅንጥሻ

堅果

ፉል

麵條

ፓስታ

義大利麵

ስፓገቲ

米飯

ሩዝ

沙拉

ሰላጣ

薯條

ቅልዋ ድንሽ

炸馬鈴薯

ቅሉው ድንሽ

披薩餅

ፒትሳ

漢堡

ሃምቡርገር

三明治

ፓኒኖ

炸豬排

ቢስተካ

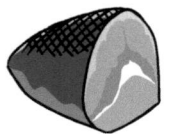

火腿

ስለፍ ሓሰማ

義大利臘腸

ሳላሚ

香腸

ግዕዝም

雞肉

ደርሆ

烤肉

ቀለወ

魚

ዓሳ

燕麥片

ገዓት

木斯里

ሙስሊ

玉米片

ኮርንፍለይክስ

麵粉

ሓርጭ

牛角麵包

ክሮሶን

麵包捲

ባኒ

麵包

ባኒ

吐司

ቶስት

餅乾

ብሽኮቲ

奶油

ጠስሚ

凝乳

ርጎእ

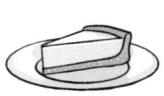

蛋糕

ፓስተ

蛋

እንቋቑሖ

煎蛋

ቅሉው እንቋቑሖ

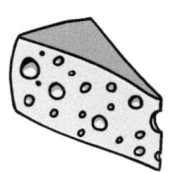

起司

ፎርማጆ

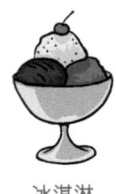

冰淇淋

አይስ ክሪም

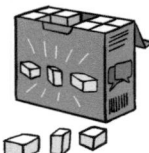

糖

ሽኮር

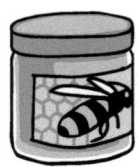

蜂蜜

መዓር

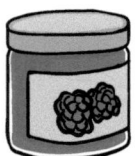

果醬

ጀም

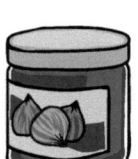

巧克力醬

ኑጋት-ክረም

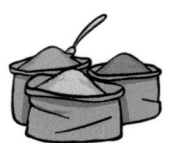

咖哩

ኩሪ

ቤት ሕርሻ

農舍
ቤት ሕርሻ
糧倉
መኽዘን
稻草捆
ሓሰር ቦንዳ
田野
ግራት
馬
ፈረስ
拖車
ተስሓቢ
馬駒
拖拉機
ትራክተር
驢
羊
በጊዕ
羔羊
ዕየት

山羊

ጤል

奶牛

ብዕራይ

小牛

ምራኽ

豬

ሓሰማ

小豬

ውላድ ሓሰማ

公牛

ኣርሓ

農場 - ቤት ሕርሻ

鵝

ዓዓ

鴨

ማይ ደርሆ

小雞

ጫቑት

母雞

ደርሆ

公雞

ኣርሓ ደርሆ

鼠

ኣንጨዋ ዓባይ

貓

ድሙ

老鼠

ኣንጭዋ

牛

ብዕራይ

狗

ከልቢ

狗屋

ኣጕዶ ከልቢ

花園澆水軟管

ቱባ ጀርዲን

澆水壺

መዝፈፊ ማይ

長柄大鐮刀

ዓቢ ማዕጺድ

犁

ማሕረሻ

鐮刀

ማዕጺድ

鋤頭

ሞኾሮ

長柄草耙

መስአ

斧頭

ፋስ

獨輪手推車

ዓረብያ ኢድ

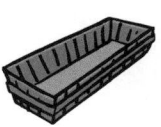

飼料槽

ጋብላ

牛奶罐

ብርጭቆ ጸባ

麻布袋

ክሻ

柵欄

ሓጹር

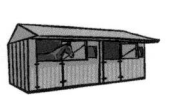

馬廄

መንሰስ

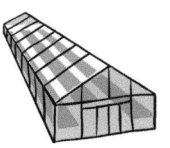

溫室

ቐጠልያ ገዛ

土壤

ባይታ

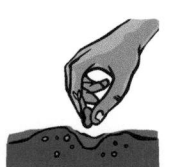

種子

ዘርኢ

肥料

ድኹዒ

聯合收割機

ዘጣምር ቀውዓይ

收割

ቀውዒ

收割

ጻማ

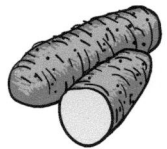

地瓜

ድንሽ ያም

小麥

ስርናይ

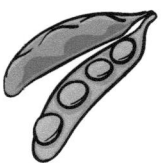

大豆

ሶያ

土豆

ድንሽ

玉米

ዕፉን

油菜籽

ራፕስ

果樹

ገረብ ፍረታት

樹薯

ማኒኦክ

穀物

ኣእኻል

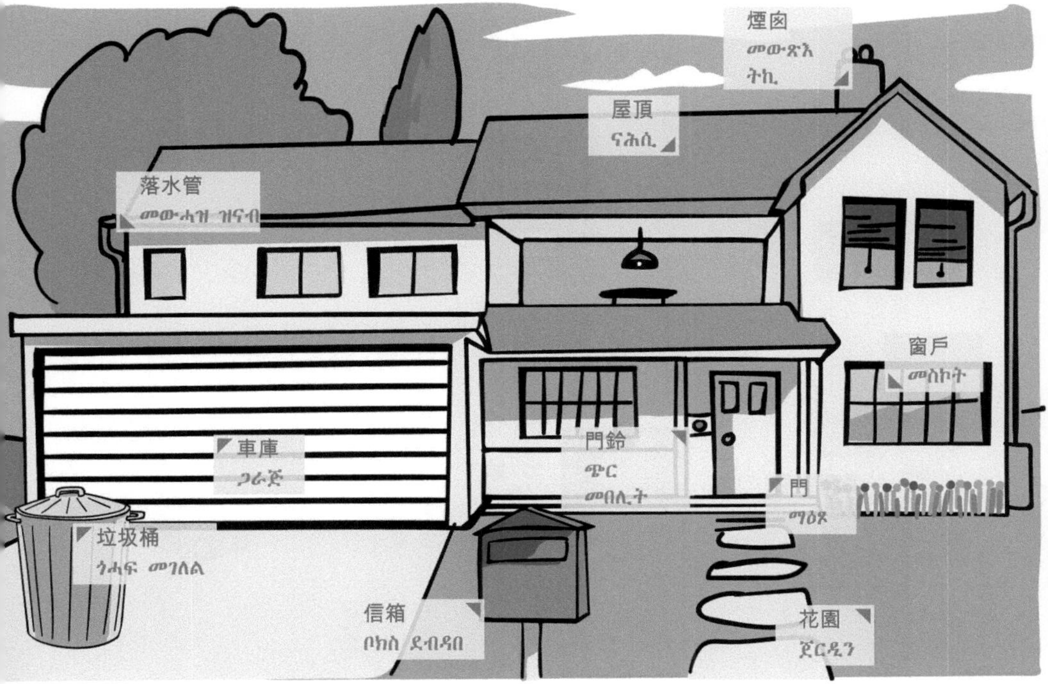

煙囪
መውጽእ ትኪ
屋頂
ናሕሲ
落水管
መውሓዝ ዝናብ
窗戶
መስኮት
車庫
ጋራጅ
門鈴
門
ማዕጾ
垃圾桶
ጎሓፍ መገለል
信箱
ቦክስ ደብዳበ
花園
ጀርዲን

客廳

ክፍሊ ምቕማጥ

浴室

ክፍሊ ባንዮ

廚房

ክሽነ

臥室

ክፍሊ መደቀሲ

兒童房

ክፍሊ ቆልዑ

餐廳

መመገቢ ክፍሊ

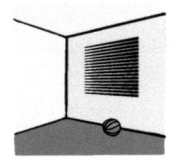

地板

ባይታ

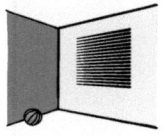

牆壁

መንደቕ

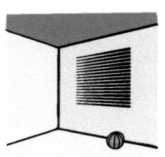

天花板

ከቦርታ

地窖

ካንቲና

三溫暖

ሳውና

陽臺

ባልኮን

露臺

ዛላ

游泳池

መሕምበሲ

割草機

መቑረጺ ሳዕሪ

被單

ኣንሶላ ዓራት

床罩

ከቦርታ ዓራት

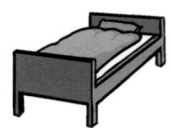

床

ዓራት

掃帚

መኹስተር

水桶

መገለል

開關

መወልዒት

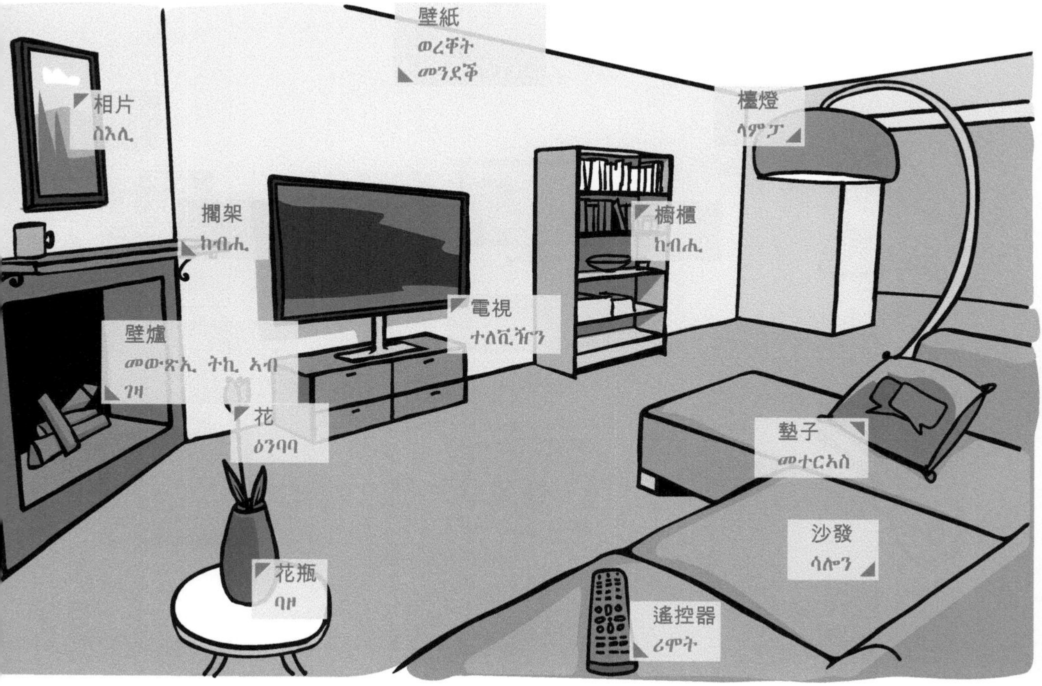

壁紙
ወረቐት
መንደቕ
相片
ስእሊ
壁爐
መውጽኢ ትኪ ኣብ
ገዛ
花
ዕንባባ
電視
ተለቪዥን
櫥櫃
檯燈
ላምፓ
墊子
መተርኣስ
沙發
花瓶
ባዞ
遙控器
ሪሞት

地毯

መንጸፍ

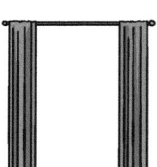

窗簾

መጋረጃ

餐桌

ጣውላ

椅子

መንበር

搖椅

ሰለል ዝብል መንበር

扶手椅

መንበር ምቹእ

書

መጽሓፍ

毯子

ክቦርታ

裝飾品

ስልማት

木柴

እንጨይቲ ሓዊ

電影

ፊልም

高傳真音響

ስተረዮ

鑰匙

መፍትሕ

報紙

ጋዜጣ

油畫

ቕብኣ

海報

ፖስተር

收音機

ሬድዮ

筆記本

ጥራዝ

吸塵器

መልገሲ ደሮና

仙人掌

በለስ

蠟燭

ሽምዓ

廚房

冰箱
微波爐
ሚክሮቨላ
廚房秤
ሚዛን ክሽነ
烤麵包機
ቶስተር
洗潔精
መጽረዪ
冰櫃
烤箱
እቶን
垃圾桶
ጎሓፍ መገለል
洗碗機
መጽረዪ ኣቕሑ መግቢ

炊具

መኽሸኒ

鍋

ድስቲ

鑄鐵鍋

ድስቲ ሓጺን

炒鍋

ቮክ/ካዳይ

平底鍋

ባደላ

水壺

መውዓዪ ማይ

蒸鍋

መፍልሒ

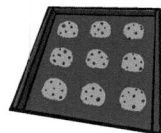

烤盤

ጎንቴራ ምስንካት

陶瓷鍋

ኣቕሑ መግቢ

馬克杯

ብርጭቆ

碗

ጭሖሎ

筷子

ማንካቺና

長柄勺

ማንካ መረቕ

鏟子

መገልበጢ ባደላ

攪拌器

መኾስተር ውርጪ

濾網

መንፊት መግቢ

篩子

መንፊት

磨碎機

መፉሕፍሒ

研缽

ሞርታር

燒烤

ባርቢክዩ

明火

ስፍራ ሓዊ

菜板

እንጨይቲ ምምታር

擀麵杖

እንጨይቲ ኰረር

開瓶器

መኽፈት ቡሽ

罐子

ታኒካ

開罐器

መኽፈቲ ታኒካ

隔熱手套

ጨርቂ ድስቲ

水槽

ቡምባ

刷子

ኣስባስላ

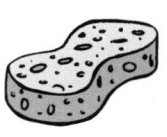

海綿

ሰፍነግ

攪拌機

ሓዋሲ ኣደባላቒ

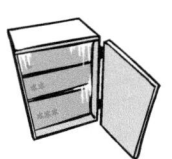

冷藏箱

መዝሓሊ በረድ

奶瓶

ጥርሙዝ ማማይ

水龍頭

ቡምባ ማይ

浴室

ክፍሊ ባንዮ

供暖裝置
መውዓዩ
毛巾
ሽጎማኖ
淋浴
መሕጸቢ ሻወር
浴簾
ሻወር መጋረጃ
泡沫浴
መሕጸቢ ዓፍራ
浴缸
ባንዮ መሕጸቢ
玻璃杯
ብኬሪ
洗衣機
ሓጻቢት
水龍頭
ቡምባ ማይ
瓷磚
ማቶነላ
便壺
ድስቲ
水槽
ቡምባ

廁所

ሽቓቕ

蹲便器

ሽቓቕ ኮፍ

坐浴器

በዱ

小便斗

ሽቃቕ ተባዕታይ

廁紙

ወረቐት ሽቓቕ

馬桶刷

ኣስባስላ ሽቓቕ

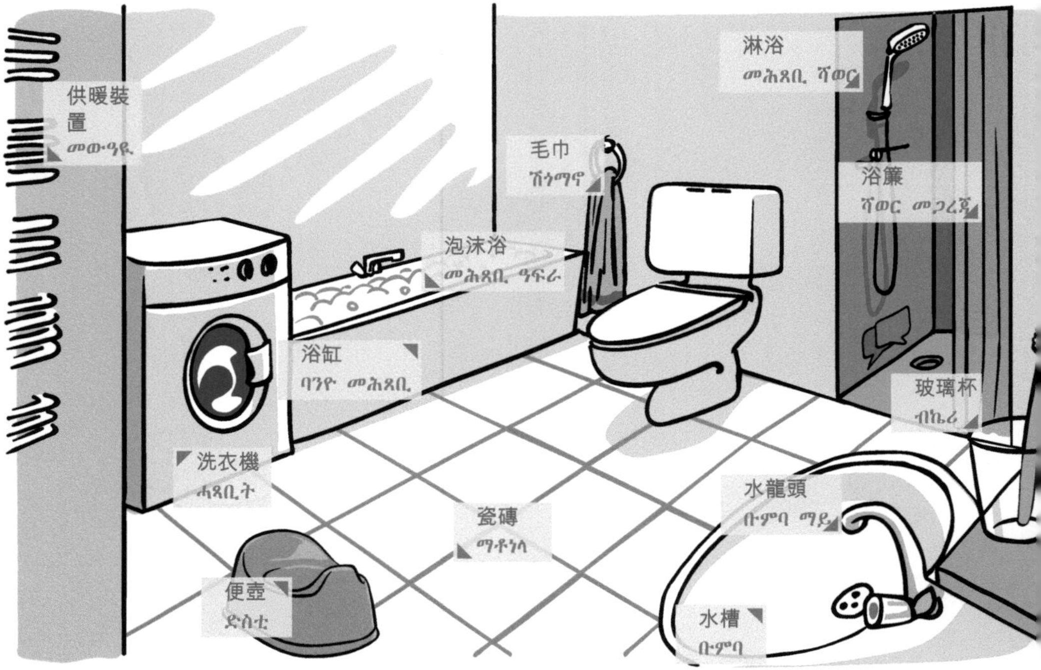

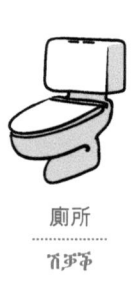

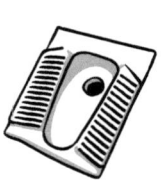

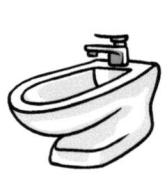

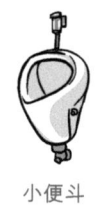

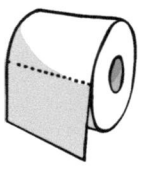

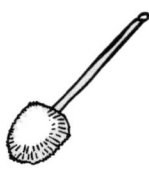

牙刷

ኣስባስላ ስኒ

牙膏

ክረማ ስኒ

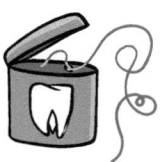

牙線

ሃሪ ስኒ

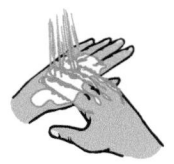

洗

ሓጸበ

手持式蓮蓬頭

ዱሽ ኢድ

沖洗器

ዱሽ

洗臉盆

ብርጭቆ ምሕጻብ

洗背刷

ኣስባስላ ሕቖ

肥皂

ሳምና

沐浴露

ሻወር ጀል

洗髮乳

ሻምፑ

法蘭絨

ጨርቂ መሕጸቢ

排水

መውሓዚ

乳霜

ክረማ

除臭劑

ደዮ ጨና

鏡子

መስትያት

手鏡

ናይ ኢድ መስትያት

刮鬍刀

መላጸ

刮鬍泡沫

ዓፍራ ምልጻይ

鬚後水

ጨና ድሕሪ ምልጻይ

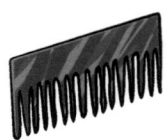

梳子

መመሸጥ

刷子

ኣስባስላ

吹風機

መንቐጺ ጸግሪ

噴髮定型劑

ስፕረይ ጸግሪ

化妝品

መመላኽዒ

唇膏

ብርዒ ቀለም ከንፈር

指甲油

ኣዝማልቶ

化妝棉

ጸምሪ ጡጥ

指甲剪

መስደዲ ጽፍሪ

香水

ጨና

洗漱包

ሳንጣ መሕጸቢ

凳子

ድኳ

計重秤

ሚዛን

浴袍

ክዳን መሕጸቢ

橡膠手套

ጓንቲ መጸረዪ

衛生棉條

ታምፖን

衛生棉

ጨርቂ ሰበይቲ

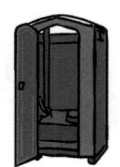

化學廁所

ሽቓቕ ከሚስትሪ

兒童房

ክፍሊ ቆልዑ

鬧鐘
ኣላርም መተስኢ
毛絨玩具
መጻወቲ እንስሳ
玩具車
መጻወቲ መኪና
撥浪鼓
玩具屋
ቤት ባምቡላ
禮物
ህያብ

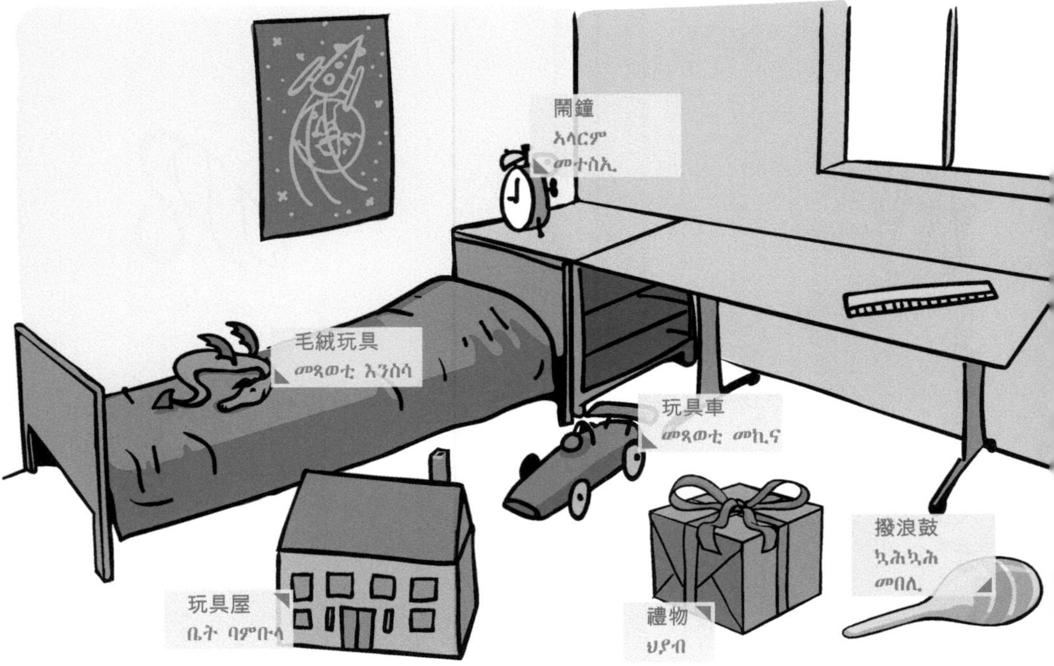

氣球

ባላንችና

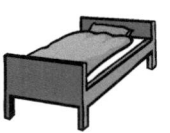

床

ዓራት

嬰兒車

ሰረገላ ህጻን

撲克牌

ጸወታ ካርታ

拼圖

ሕንቅሊተይ

漫畫

ኮሜዲ

樂高積木

እምንታት መጻወቲ ለጎ

積木玩具

መጻወቲ እምንታት

公仔

በዓል ኣክቾን

嬰兒服

ክዳን ማማይ

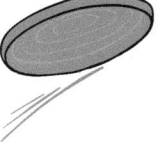

飛盤

ፍሪስቢ

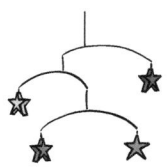

床鈴玩具

ሞባይል ማማይ

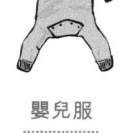

棋盤遊戲

ጸወታ ሰሌዳ

骰子

ኩቦ

火車模型

ሞደል ባቡር ምድሪ

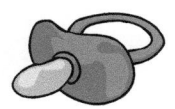

安撫奶嘴

ዓባስ

派對

ፓርቲ

繪本

መጽሓፍ ስእሊ

球

ኩዕሶ

洋娃娃

ባምቡላ

玩

ተጻወተ

沙坑

መጻወቲ ሑጻ

鞦韆

ሰላል

玩具

መጻወቲታት

電玩遊戲

ኮንሶል ቪድዮ

三輪車

መጻወቲ ሰለስተ መንኮርኮር

泰迪熊

ተዲ

衣櫃

ከብሒ ክዳን

衣服

ክዳን

襪子

ካልስታት

長襪

ነዊሕ ካልስታት

緊身褲

ስረ ካልሲ

圍巾
ሻርባ

雨傘
ጽላል

T恤
ማልያ

皮帶
ቁልፊ

運動鞋
ስኒከርስ

靴子
ረፋዕ

拖鞋
ጫማ ገዛ

涼鞋

ሸበጥ

鞋

ጫማ

雨靴

ረፋዕ ጎማ

內褲

ሙታንታ

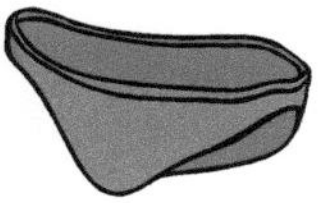

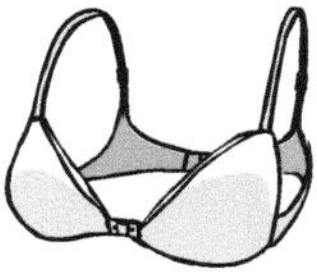

胸罩

ክዳን ጡብ

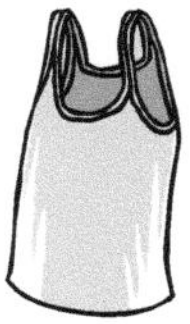

背心

ትሕተ ካሚቻ

身體
ቦዲ

褲子
ስረ

牛仔褲
ጂንስ

短裙
ቀምሽ

女式襯衫
ካምቻ

襯衫
ካሚቻ

套頭衫
ጉልፎ

連帽上衣
ጎልፎ

西裝夾克
ጃኬት

夾克
ጃከት

外套
ጁባ

雨衣
ክዳን ዝናብ

套裝
ኮስቱም

連衣裙
ቀምሽ

婚紗
ቀምሽ መርዓ

西裝

ልብሲ

睡袍

ካሚቻ ለይቲ

睡衣

ክዳን ለይቲ

莎麗

ሳሪ

頭巾

መሃረብ ርእሲ

包頭巾

ቱርባን

波卡

ቡርካ

卡夫坦

ካፍታን

(阿拉伯式)長袍

ኣባያ

泳衣

ክዳን መሕምበሲ

男式泳褲

ስረ መሕምበሲ

短褲

ሓጺር ስረ

運動服

ክዳን ታዕሊም

圍裙

በጃ ክዳን

手套

ጓንቲ

鈕扣

መልጎም

眼鏡

መነጽር

手鏈

በንናጅር

項鍊

ማዕተብ

戒指

ቀለበት

耳環

ኩትሻ

便帽

ቆብዕ

衣架

መንበሪ ጁባ

帽子

ባርነጣ

領帶

ካርራቫት

拉鍊

ቫርነጣ

安全帽

ሀልመት

背帶

መድልደል ስረ

校服

ድቢዛ ቤትትምህርቲ

制服

ድቢዛ

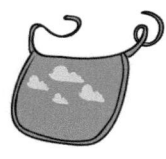

圍兜

ሰደርያ ቆልዓ

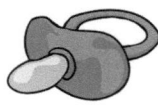

安撫奶嘴

ዓባስ

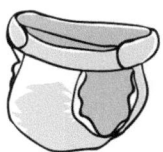

尿布

ጨርቂ ማማይ

辦公室

ቤት ጽሕፈት

伺服器
ሰርቨር
檔案櫃
ከብሒ ሰነድ
印表機
紙
ወረቐት
螢幕
滑鼠
ጣውላ
ምጽሓፍ
資料夾
鍵盤
ኪቦርድ
廢紙簍
ጎሓፍ ወረቐት
電腦
ኮምፒተር
椅子
መንበር

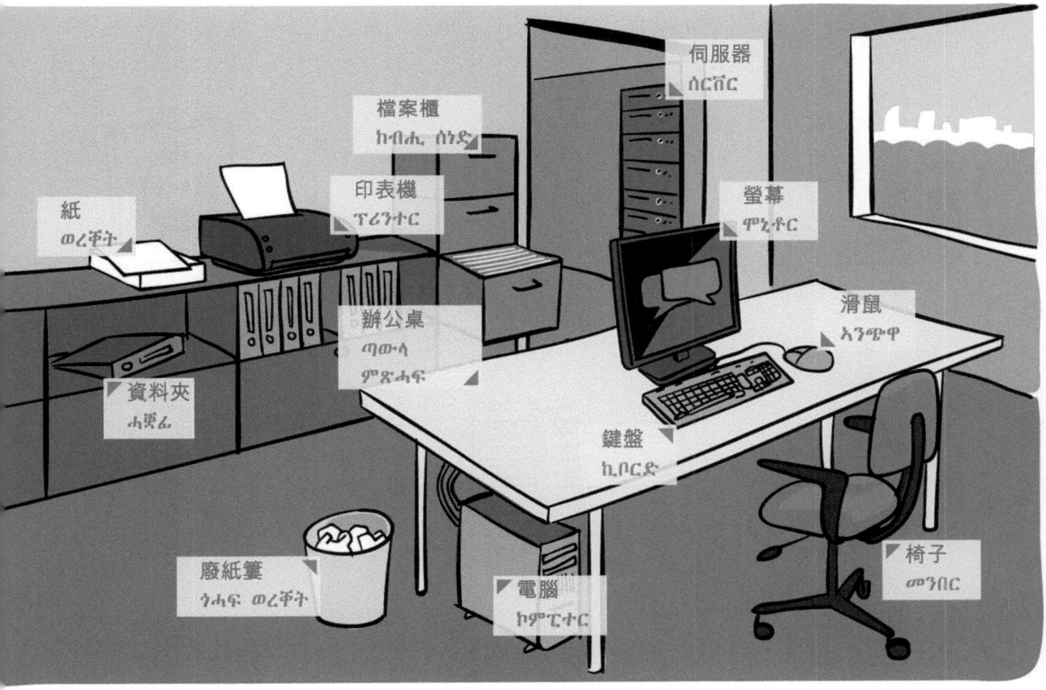

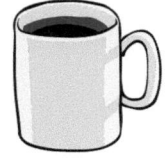

咖啡杯

ብርጭቆ ቡን

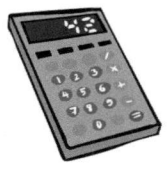

計算機

ካልኩለተር

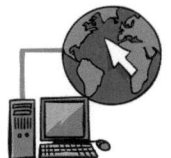

網際網路

ኢንተርነት

辦公室 - ቤት ጽሕፈት 49

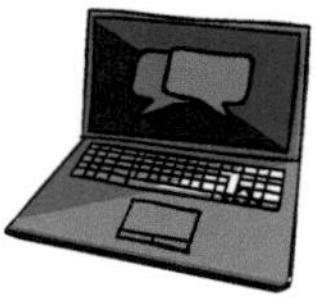
筆記型電腦

ለፕቶፕ

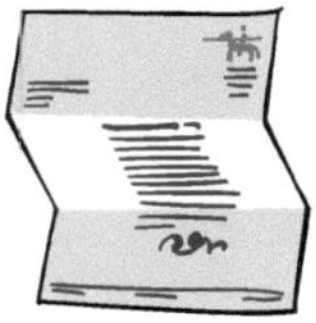
信件

ደብዳበ

簡訊

መልእኽቲ

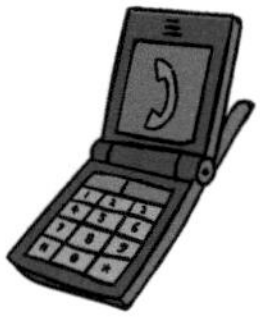
行動電話

ሞባይል

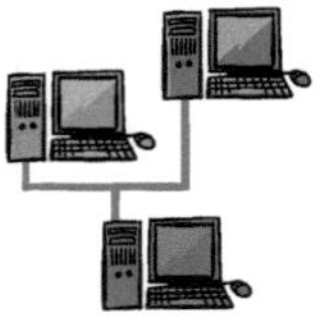
網路

ነትወርክ/መርበብ

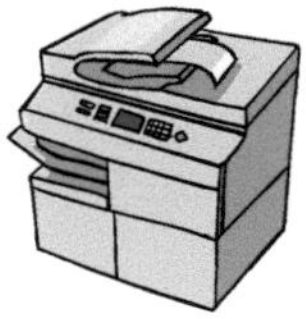
影印機

መቅድሒ ፎቶኮፒ

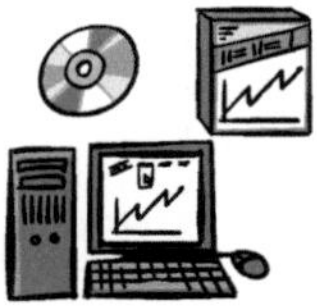
軟體

ሶፍትዌር

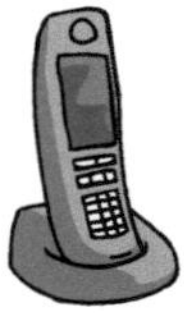
電話

ተለፎን

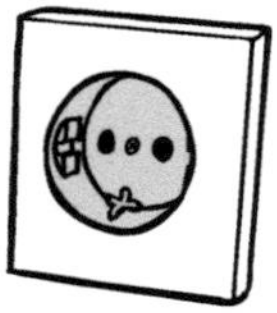
插座

ሶከት ኳረንቲ

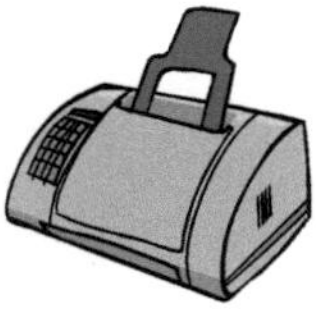
傳真機

ፋክስ

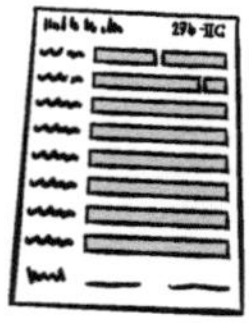
表格

ፎርም

檔案

ሰነድ

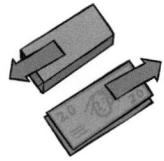

經濟

ቍጠባ

買

ገዝአ

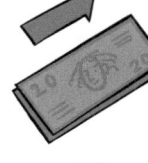

付錢

ከፈለ

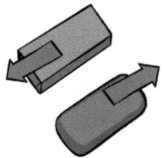

交易

ንግዲ

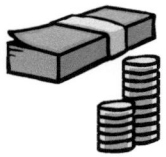

現金

ገንዘብ

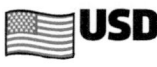

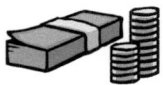

美元

ዶላር

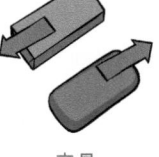

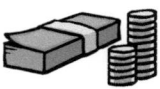

歐元

ኦይሮ

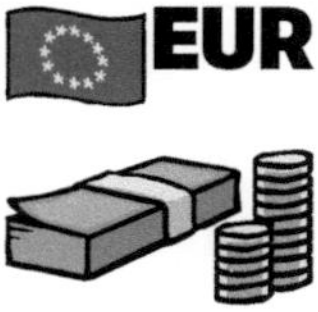

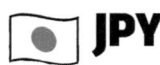

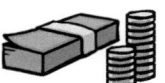

日元

የን

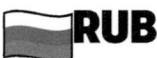

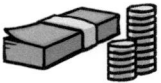

盧布

ሩብል

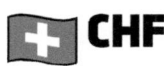

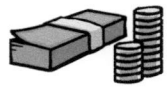

瑞士法郎

ስዊዝ ፍራንከን

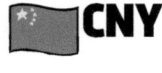

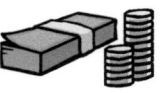

人民幣

ረንሚንቢ ዩዋን

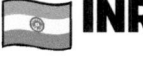

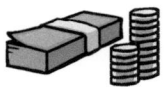

盧比

ሩፒየ

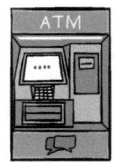

提款處

መውጽኢ ማሺን ገንዘብ

外幣兌換處

ቦታ ቅያር ገንዘብ

金

ወርቂ

銀

ብሩር

石油

ዘይቲ

能源

ሓይሊ

價格

ዋጋ

合約

ውዕል

稅金

ቀረጽ

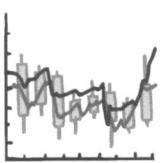

股票

እኩብ ጥረ-ነገራት

工作

ስርሓ

職員

ሰራሕተኛ

老闆

ኣስራሒ

工廠

ትካል

商店

ዱኳን

警官
በዓል ፖሊስ
消防員
መጠፊኢ ሓዊ
廚師
ከሻኒ
醫師
ሓኪም
飛行員
መራሒ ነፋሪት

園丁

ሰራሕተኛ ጀርዲን

木匠

ጸራቢ ዕንጸይቲ

裁縫

ሰፋይት

法官

ፈራዳይ

化學家

ቀማሚ

演員

ተዋሳኢ

公車司機

መራሒ ኣዉቶቡስ

計程車司機

ኣውቲስታ ታክሲ

漁夫

ገፋፊ ዓሳ

清洗女工

ጸራጊት

屋頂工

ሃናጻይ ናሕሲ

服務生

ኣሰላፊ

獵人

ሃዳናይ

畫家

ሰኣላይ

麵包師

እንዳ ሕብስቲ

電工

ኤለትሪከኛ

建築工人

ሃናጺ ኣባይቲ

工程師

ሃንዳሲ

屠夫

ሰራሕተኛ እንዳ ስጋ

水管工

ድራብሊኮ

郵差

ኣማላላሲ ፖስጣ

士兵

ወተሃደር

建築師

መሃንድስ

收銀員

ተሓዝ ገንዘብ

花農

ሰራሕተኛ ዕምባባ

理髮師

ቀምቃማይ

售票員

ፈተሪኖ

機械技師

መካኒክ

船長

መራሒ መርከብ

牙醫

ሓኪም ስኒ

科學家

ተመራማሪ

拉比

ራቢ

伊瑪目

ኢማም

和尚

ፈላሲ

牧師

ቀሺ

工具

ናውቲ

鐵錘
ሞደሻ
鉗子
ጉጤት
螺絲起子
ዘዋር መስኒ
扳手
手電筒
ላምፓዲና

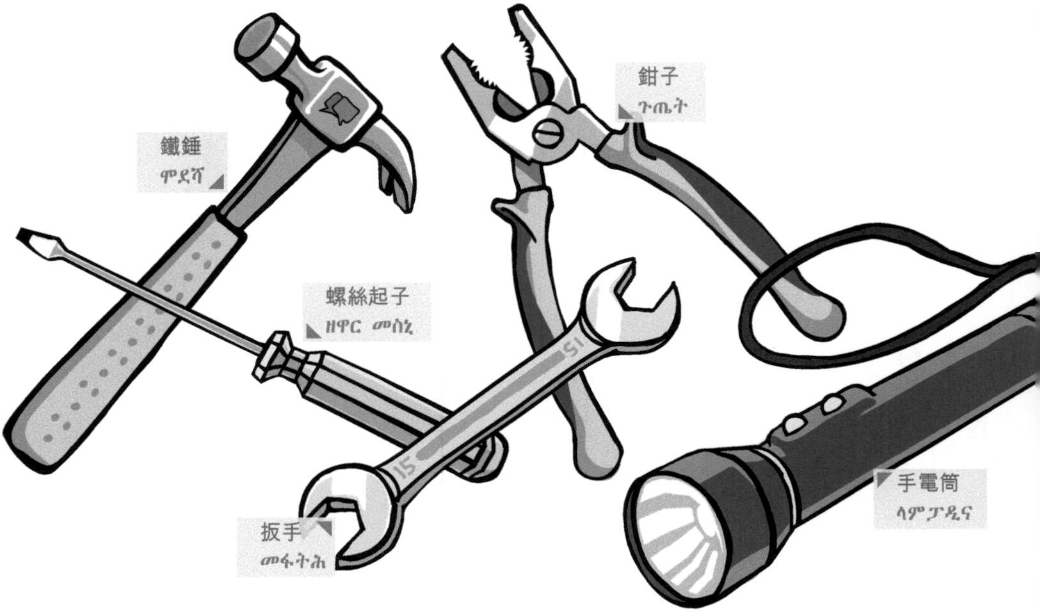

挖掘機

ፈሓሪ

工具箱

ናውቲ ቦክስ

梯子

መደያይቦ

鋸子

መጋዝ

釘子

መስማር

鑽機

ኰዓቲ

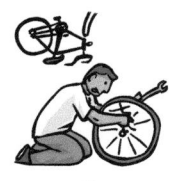

修

ምዕራይ

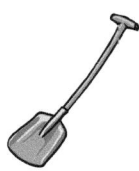

鏟子

ባደላ

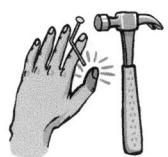

糟糕！

ኣይ!

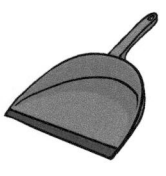

畚箕

መትሓዚ ዶሮና

油漆桶

ድስቲ ቀለም

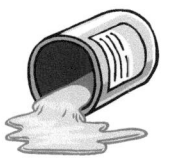

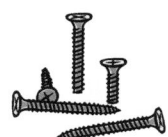

螺絲

ካቻቢተ

樂器

መሳርሒ ሙዚቃ

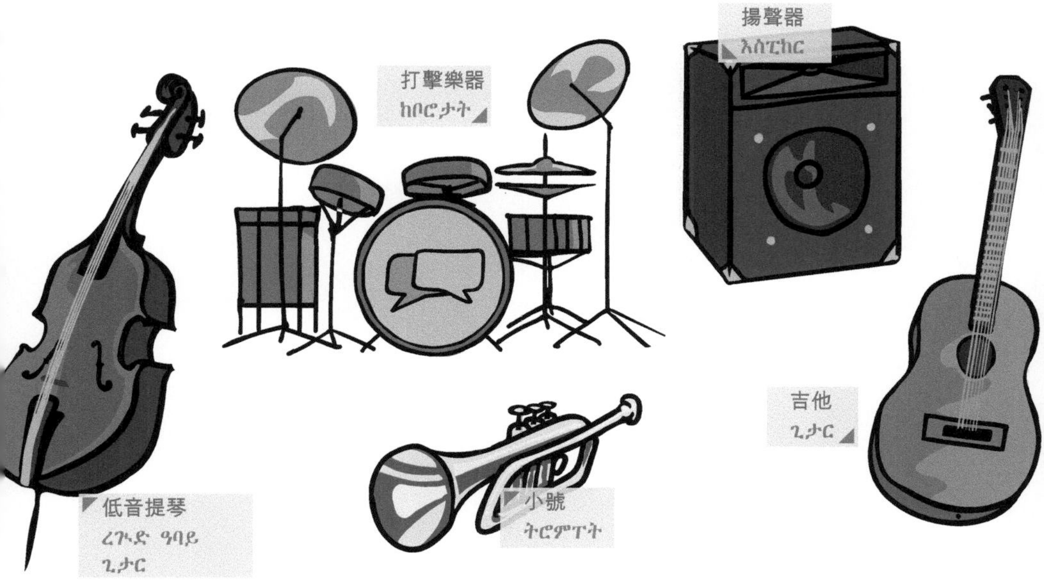
揚聲器
እስፒከር
打擊樂器
ከበሮታት
吉他
ጊታር
低音提琴
ረጕድ ዓባይ ጊታር
小號
ትሮምፐት

鋼琴

ፒያኖ

小提琴

ቪዮሊን

貝斯

ባስ ጊታር

定音鼓

ቲምንኢ

鼓

ከበሮ

電子琴

ኦርጋን

薩克斯風

ሳክሶፎን

長笛

ሻምብቆ

麥克風

ሚክሮፎን

老虎
籠子
ጎብያ
斑馬
ኣድጊ በረኻ
動物飼料
መግቢ እንስሳ
熊貓
ፓንዳ
入口
መእተዊ

動物

እንስሳታት

大象

ሓርማዝ

袋鼠

ካንጋሩ

犀牛

ሓሪሽ

大猩猩

ጉሪላ

熊

ድቢ

駱駝

ገመል

鴕鳥

ሰገን

獅子

ኣንበሳ

猴子

ህበይ

紅鶴

ፍላሚንጎ

鸚鵡

ሕንጻይ

北極熊

ድቢ በረድ

企鵝

ፐንጉን

鯊魚

ከልቢ ዓሳ

孔雀

ጣውስ

蛇

ተመን

鱷魚

ሓርገጽ

動物園管理員

ሓላዊ ቤት ገርድሽ

海豹

ዓሳ ዚምገብ እንስሳ ባሕሪ

美洲豹

ጃጓር

矮種馬

ሓጺር ፈረስ

豹

ነብሪ

河馬

ጉማረ

長頸鹿

ጂራፍ

老鷹

ሊላ

野豬

መፍለስ

魚

ዓሳ

龜

ጎብየ

海象

ዋልሩስ

狐狸

ወኻርያ

羚羊

ሰስሓ

體育

ስፖርት

橄欖球
ናይ ኣሜሪካ ኩዕሶ እግሪ
騎腳踏車
ምዝዋር ብሽግለታ
網球
ተኒስ
籃球
ባስከትባል
游泳
ምሕምባስ
拳擊
ቦክሲንግ
冰球
ሆኪ በረድ

美式足球

ኩዕሶ እግሪ

羽毛球

ባድሚንቶን

田徑

እስፖርታዊ ንጥፈታት

手球

ኩዕሶ ኢድ

滑雪

ስኪ

馬球

ፖሎ

活動

ንጥፈታት

笑
跳
ነጠረ
擁抱
走路
ከደ
唱
ደረፈ
做夢
祈禱
ጸለየ
親吻
ሰዓመ

書寫

ጸሓፈ

畫

ሰኣለ

展示

ኣርኣየ

推

ደፍኣ

給

ሃበ

拿

ወሰደ

有

አለወ

做

ገበረ

當

ኮነ

站

ጠጠው በለ

跑

ጎየየ

拉

ስሓበ

丟

ስንደወ

摔倒

ወደቐ

躺

ሓሰወ

等待

ተጸበየ

攜帶

ሰከም

坐

ኮፍ በለ

穿衣

ተኸድነ

睡覺

ደቀሰ

醒來

ተሰአ

64 活動 - ንጥፈታት

看

ረኣየ

哭

በኸየ

撃

ብኣጻብዑ ደረዘ

梳頭

መሸጠ

交談

ተዛረበ

明白

ተረድአ

問

ሓተተ

聽

ሰምዐ

喝

ሰተየ

吃

በልዐ

清理

ኣቐመጠ

愛

ኣፍቀረ

做飯

ከሸነ

開車

ዘወረ

飛

ነፈረ

航行

ብመርከብ ገየሸ

計算

ደመረ

讀

ኣንበበ

學習

ተመሃረ

工作

ሰርሐ

結婚

መርዓወ

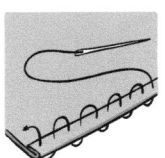

縫

ሰፈየ

刷牙

ጽሬት ኣስናን

殺

ቀተለ

抽菸

ሽጋራ ተከኽ

寄

ሰደደ

家

ስድራቤት

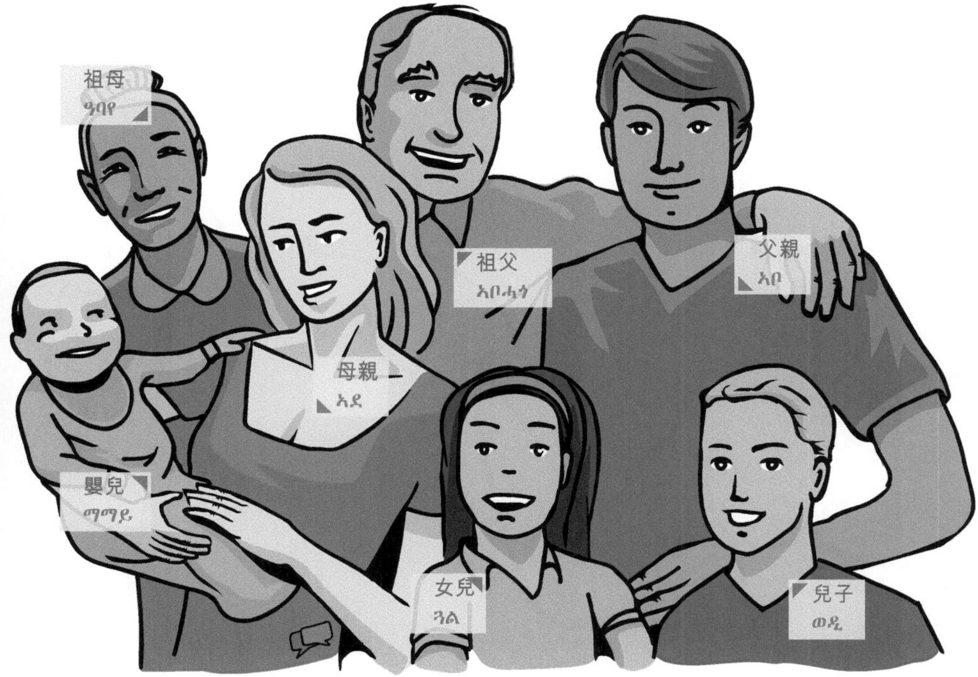
祖母
ዓባየ
祖父
ኣቦሓጎ
父親
ኣቦ
母親
ኣደ
嬰兒
ማማይ
女兒
ጓል
兒子
ወዲ

客人

ጋሻ

阿姨

ሓትኖ

叔叔

ኣኮ

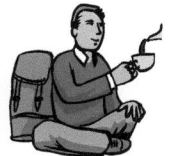

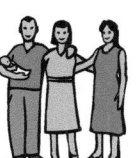

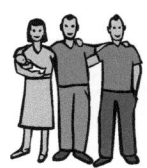

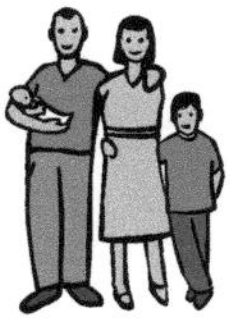

兄弟

ሓው

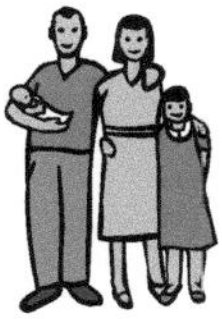

姐妹

ሓፍቲ

身體

ኣካላት

前額
ግንባር
眼睛
ዓይኒ
臉
ገጽ
下巴
መንከስ
乳房
ኣፍ-ልቢ
手指
ኣጻብዕ
手
ኢድ
手臂
ምናት
肩膀
መንኩብ
腿
ሽፋን እግሪ

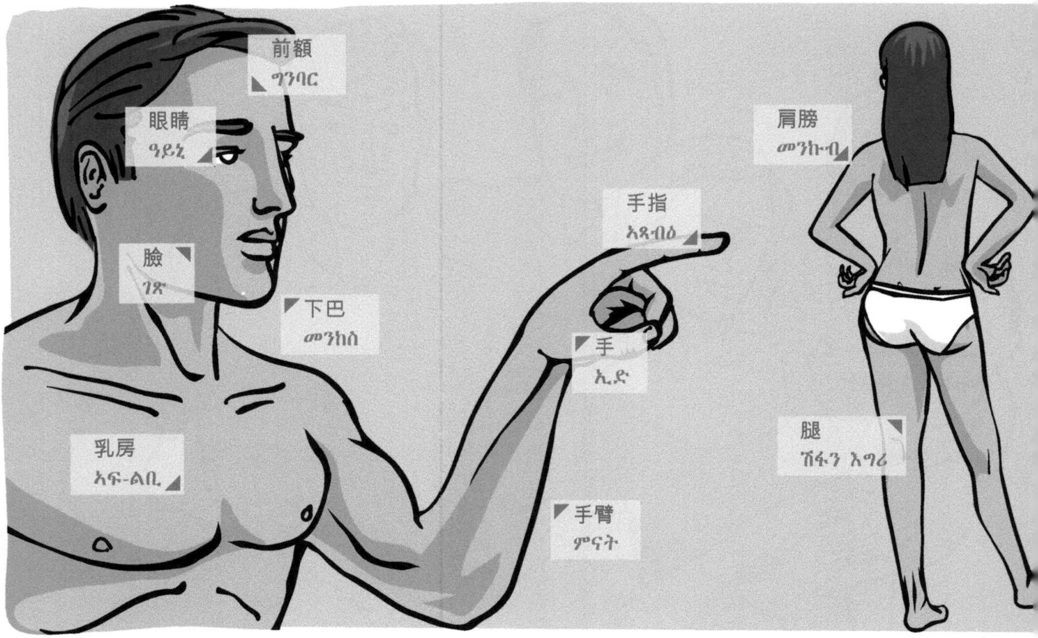

嬰兒

ማማይ

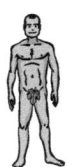

男人

ሰብኣይ

女人

ሰበይቲ

女孩

ጓል

男孩

ወዲ

頭

ርእሲ

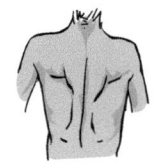

背部

ሕቖ

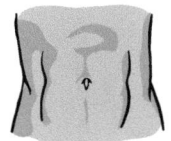

肚子

ከስዐ

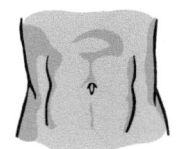

肚臍

ሕምብርቲ

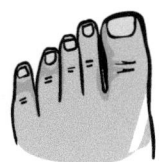

腳趾

ኣጻብዕ እግሪ

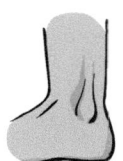

腳後跟

ኩርኾረ

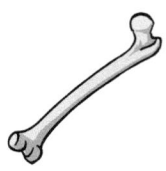

骨頭

ዓጽሚ

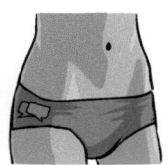

臀部

ምሕኳልቲ

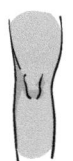

膝蓋

ብርኪ

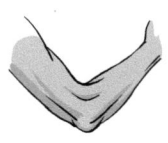

手肘

ፎግፎ

鼻子

ኣፍንጫ

屁股

መዓኮር

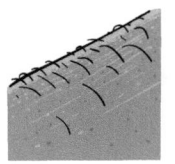

皮膚

ቆርበት

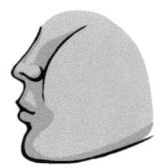

臉頰

ምዕጉርቲ

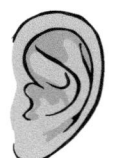

耳朵

እዝኒ

嘴唇

ከንፈር

身體 - ኣካላት 69

嘴

ኣፍ

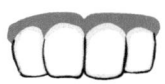

牙齒

ስኒ

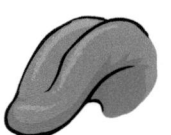

舌頭

መልሓስ

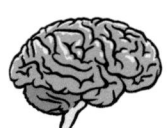

腦

ሓንጎል

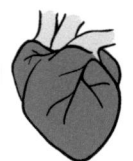

心臟

ልቢ

肌肉

ጭዋዳ

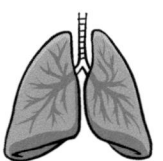

肺

ሳንቡእ

肝臟

ጸላም ከብዲ

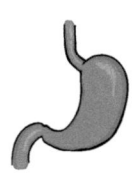

胃

ከብዲ

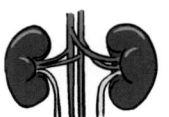

腎臟

ኩሊት

性交

ግብረ ስጋ

保險套

ኮንዶም

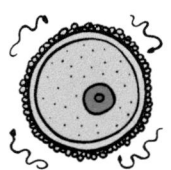

卵子

እንቋቑሖ

精子

ዘርኢ ተባዕታይ

懷孕

ጥንሲ

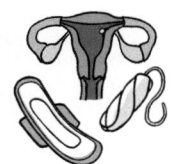

月事

ጽግያት

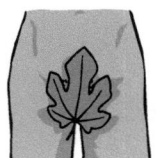

陰道

ርሕሚ

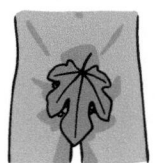

陰莖

መትሎ

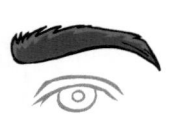

眉毛

ሽፋሽፍቲ

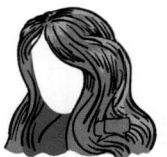

頭髮

ጸግሪ

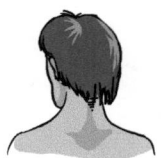

脖子

ክሳድ

醫院

ሆስፒታል

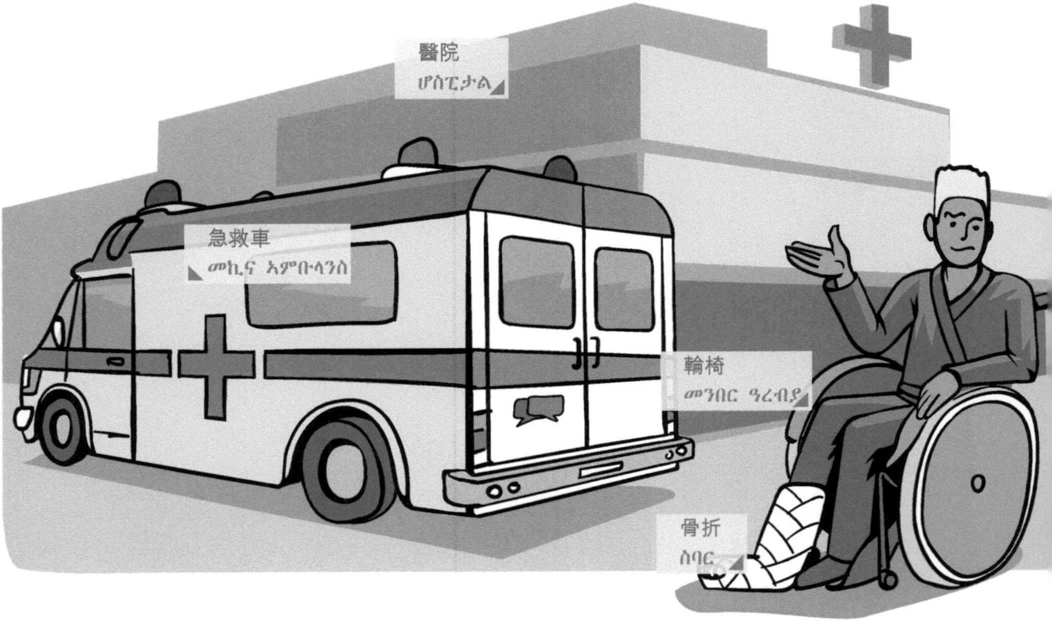

急救車
መኪና ኣምቡላንስ
輪椅
መንበር ዓረብያ
骨折
ስባር

醫師

ሓኪም

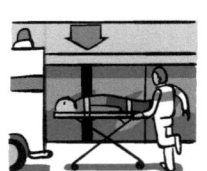

急診室

ክፍሊ ህጹጽ ረድኤት

護理師

ኣላይት

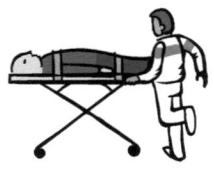

緊急情形

ህጹጽ ኩነት

昏迷

ውንኡ ዘጥፍአ

痛

ቃንዛ

受傷

ጉድኣት

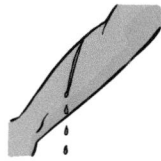

出血

ደም

心臟病發作

ማህረምቲ

中風

ማህረምቲ

過敏

ኣለርጂ

咳嗽

ሰዓል

發燒

ረስኒ

流感

ኡንፍልወንዛ

腹瀉

ውጽኣት

頭痛

ቃንዛ ርእሲ

癌症

መንሽሮ

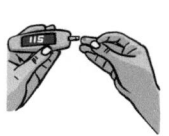

糖尿病

ሹኮርያ

外科醫師

ሓኪም መጥባሕቲ

手術刀

መጥብሒ

手術

መጥባሕቲ

電腦斷層掃描

CT

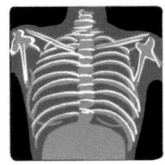

X光

ራጂ

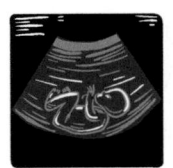

超音波

ልዕለ ድምጻዊ

口罩

መሸፈኒ ገጽ

疾病

ሕማም

候診室

ክፍሊ ምጽባይ

拐杖

ምርኩስ

石膏

መጀነኒ ቑስሊ

繃帶

መጀነኒ

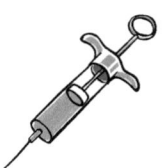

注射

መርፍዕ ምውጋእ

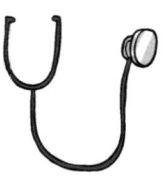

聽診器

ስተቶስኮፕ

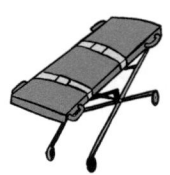

擔架

መሰከሚ ሕማም

體溫計

ቴርሞመተር

出生

ትውልዲ

超重

ልዕለ-ሚዛን

74 醫院 - ሆስፒታል

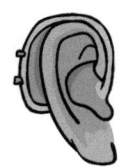

助聽器

ሓገዝ ምስማዕ

消毒液

ኣንጻሂ

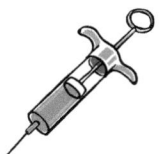

感染

ልበዳ

病毒

ቫይረስ

愛滋病

ኤድስ

藥物

ሕክምና

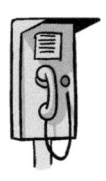

接種疫苗

ክታበ

藥片

ከኒና

藥丸

ከኒና

急救電話

ህጹጽ ምድዋል

血壓計

መዕቀኒ ጸቕጢ ደም

生病/健康

ሕሙም / ጥዑይ

緊急情形

ህጹጽ ኩነት

救命！

ሓገዝ

警報

ኣላርም

突擊

ምህጃም

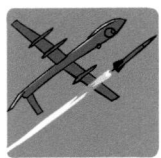

攻擊

መጥቃዕቲ

危險

ድንገት

緊急出口

ህጹጽ መውጽኢ

失火了！

ሓዊ!

滅火器

መጥፍኢ ሓዊ

意外

ሓደጋ

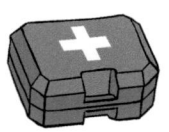

急救箱

ሳንጣ ቀዳማይ ረድኤት

呼救訊號

SOS

員警

ፖሊስ

地球

ምድሪ

歐洲

ኤውሮጳ

北美洲

ሰሜን ኣመሪካ

南美洲

ደቡብ ኣመሪካ

非洲

ኣፍሪቃ

亞洲

ኤስያ

澳洲

ኣውስትራልያ

大西洋

ኣትላንቲክ

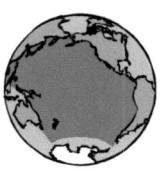

太平洋

ፓሲፊክ

印度洋

ህንዳዊ ዉቕያኖስ

南冰洋

ኣንታርቲካዊ ዉቕያኖስ

北冰洋

ኣርክቲካዊ ዉቕያኖስ

北極

ሰሜናዊ ዋልታ

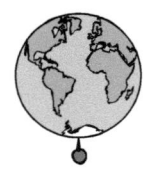

南極

ደቡባዊ ዋልታ

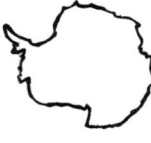

南極洲

ኣንታርቲካ

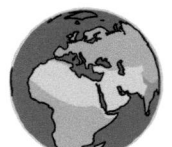

地球

ምድሪ

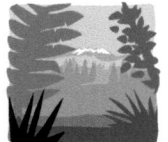

陸地

መሬት

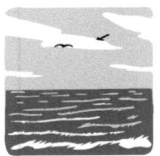

海

ባሕሪ

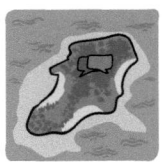

島

ደሴት

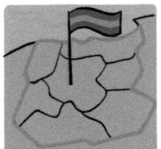

國家

ሃገር

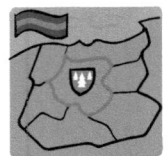

州

ዓዲ

鐘錶

ሰዓት

錶盤

ገጽ ሰዓት

時針

ኣመልካቲ ሰዓታት

分針

ኣመልካቲ ደቓይቕ

秒針

ኣመልካቲ ካልኢት

現在幾點？

ሰዓት ክንደይ ኣሎ?

天

መዓልቲ

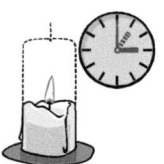

時間

ግዜ

現在

ሕጂ

電子錶

ዲጂታል ሰዓት

分

ደቒቕ

時

ሰዓት

週

ሰሙን

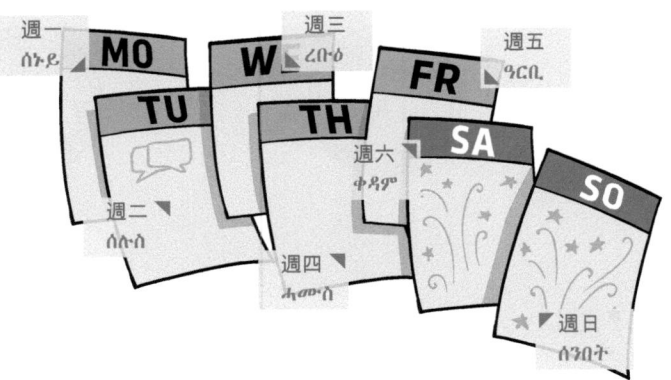

週一 ሰኑይ MO
週二 ሰሉስ TU
週三 ረቡዕ W
週四 ሐሙስ TH
週五 ዓርቢ FR
週六 ቀዳም SA
週日 ሰንበት SO

昨天

ትማሊ

今天

ሎሚ

明天

ጽባሕ

早晨

ንጉሆ

中午

ቀትሪ

晚上

ምሸት

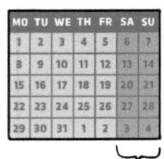

工作日

መዓልታት ስራሕ

週末

መወዳእታ ሰሙን

雨
ዝናብ
彩虹
ቀስተ-ደመና
風
ንፋስ
雪
በረድ
春
ጽድያ
夏
ሓጋይ
秋
ቀውዒ
冬
ክረምቲ

4.APRIL 11°
5.APRIL 4°
6.APRIL 13°
7.APRIL 8°
8.APRIL 10°

天氣預告

ትንቢት ኩነታት ኣየር

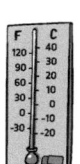

溫度計

ቴርሞመተር

陽光

ብርሃን ጸሓይ

雲

ደበና

霧

ግመ

潮濕

ጠሊ

閃電

ብርቂ

打雷

ነጐዳ

風暴

ህቦብላ

冰雹

በረድ

季風

ብርቱዕ ህቦብላ

洪水

ውሕጅ

冰

በረድ

一月

ጥሪ

二月

ለካቲት

三月

መጋቢት

四月

ሚያዝያ

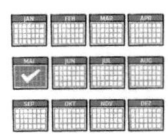

五月

ጉንበት

六月

ሰነ

七月

ሓምለ

八月

ነሓሰ

82

年 - ዓመት

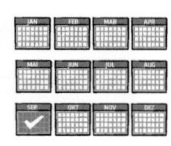

九月

መስከረም

十月

ጥቅምቲ

十一月

ሕዳር

十二月

ታሕሳስ

形狀

ቅርጽታት

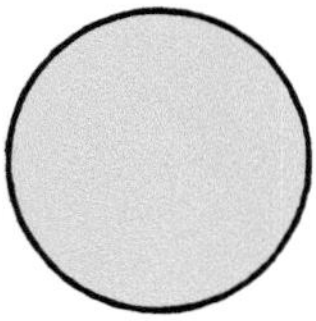

圓形

ዙርያ

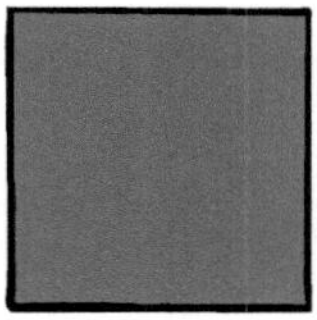

正方形

ትርብዒት

長方形

ቅኑዕ ርቡዕ ኩርናዕ

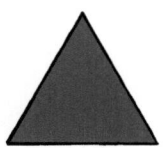

三角形

ስሉስ ኩርናዕ

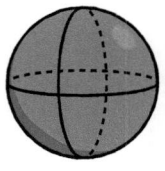

球體

ክቢ

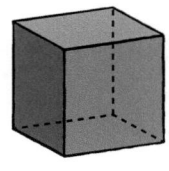

立方體

ኩቦ

顏色

ሕብርታት

白

ጻዕዳ

黃

ብጫ

橙

ኣራንሺ

粉

ፒንክ

紅

ቀይሕ

紫

ጁኽ

藍

ሰማያዊ

綠

ቀጠልያ

棕

ቡናዊ

灰

ሓሙኽሽታይ

黑

ጻሊም

反義詞

ኣንጻራት

很多/少許

ብዙሕ / ውሑድ

生氣/平靜

ሕሩቕ / ሰላማዊ

美/醜

ጽቡቕ / ክፉእ

首/尾

መጀመርያ / መወዳእታ

大/小

ዓቢ / ንእሽቶ

明/暗

ብሩህ / ጸልማት

兄弟/姐妹

ሓው / ሓፍት

乾淨/骯髒

ጽሩይ / ርሳሕ

完整/缺失

ምሉእ / ዘይምሉእ

白天/晚上

መዓልቲ / ለይቲ

死/生

ሙዉት / ህልው

寬/窄

ሰፊሕ / ጸቢብ

可食用/非食用

ደስ ዘብል / ደስ ዘይብል

邪惡/善良

እኩይ / ህያዋይ

興奮/無聊

ርቡጽ / ስልኩይ

胖/瘦

ረጊድ / ቀጢን

第一/最後

ቀዳማይ / ናይ መወዳእታ

朋友/敵人

ዓርኪ / ጸላኢ

滿/空

ምሉእ / ባዶ

硬/軟

ተሪር / ልስሉስ

重/輕

ከቢድ / ፈኲስ

餓/渴

ጥምየት / ጽምየት

生病/健康

ሕሙም / ጥዑይ

非法/合法

ዘይሕጋዊ / ሕጋዊ

聰明/愚笨

መስተውዓሊ / ስዲ

左/右

ጸጋም / የማን

近/遠

ቀረባ / ርሑቕ

新/舊

ሓዲሽ / ብሉይ

沒有/有些

ዋላ ሓደ / ገለ

老/幼

ዓቢ/ኣረጊት / መንእሰይ

開/關

ወልዕ / ኣጥፍእ

打開/闔上

ክፉት / ዕጹው

安靜/吵鬧

ህዱእ / ዓው

富/窮

ሃብታም / ድኻ

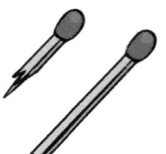

對/錯

ቅኑዕ / ግጉይ

粗糙/光滑

ሓርፋፍ / ልሙጽ

傷心/高興

ጉሁይ / ሕጉስ

短/長

ሓጺር / ነዊሕ

慢/快

ቀስ / ቅልጡፍ

濕/乾

ጥሉል / ንቑጽ

溫暖/涼爽

ምዉቕ / ዝሑል

戰爭/和平

ውግእ / ሰላም

數字

ቁጽርታት

0

零

ዜሮ

1

一

ሓደ

2

二

ክልተ

3

三

ሰለስተ

4

四

ኣርባዕተ

5

五

ሓሙሽተ

6

六

ሽዱሽተ

7

七

ሸውዓተ

8

八

ሸሞንተ

9

九

ትሽዓተ

10

十

ዓሰርተ

11

十一

ዓሰርተ ሓደ

12
十二
ዓሰርተ ክልተ

13
十三
ዓሰርተ ሰለስተ

14
十四
ዓሰርተ ኣርባዕተ

15
十五
ዓሰርተ ሓሙሽተ

16
十六
ዓሰርተ ሽዱሽተ

17
十七
ዓሰርተ ሸውዓተ

18
十八
ዓሰርተ ሸሞንተ

19
十九
ዓሰርተ ትሽዓተ

20
二十
ዕስራ

100
百
ሚእቲ

1.000
千
ሽሕ

1.000.000
百萬
ሚልዮን

語言

ቋንቋታት

英語

እንግሊዝኛ

美式英語

ኣመሪካዊ እንግሊዛዊ

普通話

ቻይናዊ ማንዳሪን

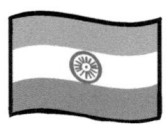

印地語

ሂንዳዊ

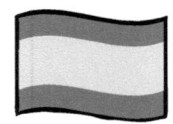

西班牙語

እስጳኛዊ

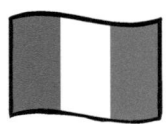

法語

ፈረንሳዊ

阿拉伯語

ዓረባዊ

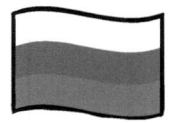

俄語

ሩሲያዊ

葡萄牙語

ፖርቱጋላዊ

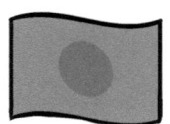

孟加拉語

በንጋሊ

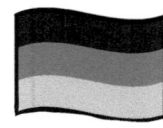

德語

ጀርመናዊ

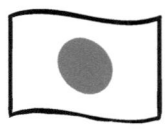

日語

ጃፓናዊ

誰/什麼/如何

መን / እንታይ / ከመይ

我

ኣነ

你

ንስኻ/ኺ

他/她/它

ንሱ / ንሳ / ንሱ

我們

ንሕና

你們

ንስኻ

他們

ንሳቶም

誰？

መን?

什麼？

እንታይ?

如何？

ከመይ?

何處？

ኣበይ?

何時？

መዓስ?

HELLO, I AM

名字

ሽም

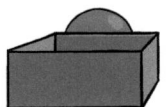

方位

ኣበይ

後面

ድሕሪ

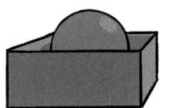

裡面

ኣብ

前面

ኣብ ቅድሚ

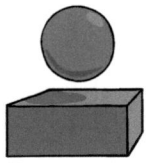

上方

ኣብ ላዕሊ

上面

ኣብ ልዕሊ

下麵

ትሕቲ ምድሪ

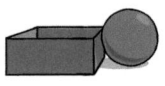

旁邊

ኣብ ጥቓ

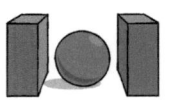

中間

ኣብ መንጎ

地點

ቦታ